ALPHABET

A L'USAGE

DES ENFANTS

QUI FRÉQUENTENT LES ÉCOLES DES SŒURS DE
L'INSTRUCTION CHRÉTIENNE.

Nouvelle Edition.

VANNES

C. DE LAMARZELLE, IMPRIMEUR DES FRÈRES ET DES SŒURS
DE L'INSTRUCTION CHRÉTIENNE ET DES FRÈRES
DE SAINT-GABRIEL.

1858

1ᵉʳ TABLEAU.

VOYELLES.   CONSONNES.

a e i o u y   b c d f g h j k l m n p q r s t v x z.

A E I O U Y   B C D F G H J K L M N P Q R S T V X Z.

a b c d e f g h i j k l m n o p q r s t u v x y z.

i y   c k q qu   f ph   r rh   t th.

1ᵉʳ EXERCICE.

Ba   be   bi   bo   bu
Ca   co   cu

Da	di	de	do	du
Fa	fi	fu	fo	fe
Ga			gu	go
Je	ja	ji	ju	jo
Ke	ka	ki	ko	ku
La	lu	le	li	lo
Mi	mu	ma	me	my
No	na	ne	nu	ni
Pa	pe	pi	pu	po
Qua	que	quo	qui	
Ra	ro	re	ri	ru
Sy	sa	si	so	se
Ta	te	ti	tu	ty
Ve	va	vo	vi	vu
Xa	xe	xo	xi	xu
Ze	za	zi	zo	zu

2ᵉ EXERCICE.

Bo-bo, ca-pe, ca-ve, dame, fa-de, pha-re, ga-re, jo-li, ju-pe, ki-lo, pa-pa, pi-que, qui-na, ra-me, rhu-me, sa-le, so-le, tu-be, ty-pe, vi-ve, ta-xe, lu-xe, ma-la-de, na-tu-re, qui-ni-ne, sy-no-de, to-pa-ze.

2ᵉ TABLEAU.

1ᵉʳ EXERCICE.

â ê î ô û èé éè.

â-me, bê-te, a-bî-me, pô-le, mû-re, mè-re, zé-ro, fu-mée, pâté, mê-me, pè-re, ca-fé, cô-té, zè-le, mâ-le, quê-te, pâ-tu-re, vé-ri-té, ga-lè-re, é-bè-ne.

2ᵉ EXERCICE.

ab, ac, al, ap, ar, ec, ef, el, ep, er, ex, ic, if, il, ir, is, ix, ob, oc, ol, op, or, os, ub, uf, ul, ur, us.

Ab-so-lu, fac-tu-re, ca-n*al*, c*ap*, b*ar*-que, b*ec*, n*ef*, b*el*, i-n*ep*-te, f*er*-me, *ex*-p*ul*-s*if*, p*ic*, s*ub*-til, p*ar*-tir, i-r*is*, m*ix*-te, *ob*-te-nir, *oc*-ta-ve, b*ol*, *op*-ti-que, b*or*-ne, mé-ri-n*os*, s*ub*-ve nir, t*uf*, *ur*-ne, ty-*phus*.

3ᵉ EXERCICE.

EU eux   OU ous out oux

AN am ant en em ent

in im ain aim ein

on om ons ont un um

Jeu, deux, mou, vous, tout, toux, pan, A-dam, en-fant, em-pi-re, len-te-ment, fé-mi-nin, im-bi-bé, main, daim, tein-tu-re, bon-bon, pom-pe, à tâ-tons, pont, im-por-tun, par-fum.

RÉCAPITULATION.

Nous jou-ons, ils li-ront. La tom-be. La lam-pe. Zo-é a deux bi-joux. Le bon mo-nar-que. Le jar-din de ma tan-te. Jean a faim. Un vo-mi-tif. Ur-su-le a un bon ca-rac-tè-re. U-ne ro-be tein-te. La pou-le a pon-du. L'â-ne tom-bé dans l'a-bî-me. U-ne dent gâ-tée. Une gam-ba-de.

3ᵉ TABLEAU.

1ᵉʳ EXERCICE.

ia, ié, iè, io, ian, ieu, ien, ion, ui, oui.
oi oie ois oit oix oin oint.

Dia-dè-me, fi-lia-le, no-ta-rié, qua-li-fié, biè-re, lu-miè-re, fio-le, vio-lon, vian-de, con-fian-te, a-dieu, mi-lieu, le sien, le mien, u-nion, pen-sion, é-tui, tui-le, ré-joui, boi-re, joie, bois, toit, noix, coin, loin, point.

2ᵉ EXERCICE.

bl ble, br bre, cl cle, cr cre, dr dre, fl fle, fr fre, gl gle, gr gre, pl ple, pr pre, tr tre, vr vre.

Blâ-me, ca-*ble*, bra-*ve*, ar-*bre*, *clos*, bou*cle*, crain-*dre*, â-*cre*, ca-*dran*, é-ten-*dre*, *flû*-te, sou-*fle*, *fron*-de, *fre*-lon, *glo*-be, beu-*gle*-ment, grain, *gre*-na-de, *plâ*-tre, sou-*ple*, *pro*-*pre*, *train*, en-*tre*, cou-*vrir*, liè-*vre*.

3ᵉ EXERCICE.

sc, scr, sp, spl, st.

Scan-da-leux, *scri*-be, *scru*-pu-le, *spec*-ta-cle, *spec*-tre, *splen*-dide, *sta*-ble, *sty*-le, *stu*-dieux, *stu*-pi-de, u-*sten*-sile.

RÉCAPITULATION.

Un ki-lo-mè-*tre*. U-ne fa-*bri*-que de *toi*-le. Il *tien*-dra à sa pa-ro-le. La cou-leu-*vre*. La pal-me de la *gloi*-re. Le br*uit* du ca-non. Be-*noît* va re-*join*-dre son *frè*-re. U-ne de-meu-re a-gré-a-*ble*. Voilà u-ne *oie* qui boit. La *pro*-fon-de so-li-tu-de. Un *pro-blè*-me. Je vois la croix. Le mois de Sep-tem-*bre*. Un en-fant *stu-dieux*. Un ta-bleau *sta-*ti-*sti*-que. Ma-*thieu* a de la pié-té. Un scan-da-le pu-blic. Le *roi* Pha-ra-on.

4ᵉ TABLEAU.

1ᵉʳ EXERCICE.

ch che, (gn gne,) ill ille ll lle.

Chan-tre, Diman-*che*, pê-*che*, co-que-lu-*che*, vi-*gno*-ble, di-*gni*-té, cham-pi-gnon, é-gra-ti-gnu-re, vi-gne, mon-ta-gne, rè-gne, bou-illon, ca-illou, ca-ille, méda-ille, que-nou-ille, é-chan-ti-llon, che-vi-lle, char-mi-lle.

2ᵉ EXERCICE.

a as at   e es ent   ie is it

o au aut aux eau os ot.

u ue us ut eu.

Bas, ra-chat. Tu chan-tes, ils chan-tent. Vie, ris, lit, pau, saut, faux, beau, dos, pot, vue, pus, but. Il a eu la fiè-vre.

3ᵉ EXERCICE.

É ai er ez   È ai ait ei et

Ê ais aient es est ets.

J'ai en-ten-du chan-ter chez mon on-cle. Vrai, trait, rei-ne, dé-cret. Il *est* au *frais*. Ils fer-maient les vo-lets.

RÉCAPITULATION.

Dieu *est* no-tre der-niè-re fin. La sou-ris a *fait* un trou. Les che-ni-*lles* for-ment les pa-pi-*llons*. La Sei-ne bai-gne Pa-ris. Va-lé-*rie est* é-ten-due sur son gra-bat. Le pé-ché *est* le plus grand de tous *les* maux. Il sor-tit du pus de la plaie de Char-les. Les en-fants ai-ment le re-pos, le plai-sir, les châ-tai-gnes et les gâ-teaux. De mau-vais pro-jets. Les é-lus goû-tent le re-pos du pa-ra-dis. Un bra-ve sol-dat ne fuit pas à la vue du com-bat. So-phie a mis le pot au feu.

I II III IV V VI VII VIII
1 2 3 4 5 6 7 8
IX X XI XII XIII XIV XV
9 10 11 12 13 14 15
XVI XVII XVIII XIX XX
16 17 18 19 20

XXI etc. XXIX XXX XXXI
21   29   30   31
etc. XXXIX XL XLI etc. XLIX
     39   40 41   49
L LI etc. LIX LX LXX
50 51   59 60 70
LXXX XC C D M.
80   90 100 500 1000

RÉCAPITULATION

DES QUATRE TABLEAUX,

Dieu en-tend et voit tout. La ver-tu est ai-ma-ble. La vé-ri-té doit ê-tre dans la bou-che des en-fants. La pié-té est u-ti-le à tous. Les pau-vres, les ri-ches, les rois mê-me, tous sont su-jets à la mort. Cha-que in-stant peut ê-tre le der-nier de no-tre

Le lion est le roi des a-ni-maux. Le ti-gre est fa-rou-che et très-cru-el. Le chien est très-fi-dè-le. Les a-gneaux bê-lent. La bre-bis four-nit la lai-ne. Les trou-peaux de mou-tons crai-gnent les loups. L'é-lé-phant est le plus grand et le plus gros des a-ni-maux. Le chat prend les sou-ris et il miau-le. Le dia-mant est le mi-né-ral le plus bri-llant et le plus dur. La co-lom-be rou-cou-le.

Dans les mon-ta-gnes, la tem-pé-ra-tu-re est très-va-ria-ble. La tem-pê-te gron-de dans le loin-tain. Les ar-bres fleu-ri-ront bien-tôt. Au prin-temps, la nà-tu-re re-prend sa pa-ru-re. Le li-mon est le dé-pôt des eaux cou-ran-tes. Les nè-gres peu-plent l'A-fri-que. L'ar-me sert au sol-dat dans le com-bat. On fait le pain a-vec de la fa-ri-ne. Le chat fait un saut quand il veut pren-dre u-ne sou-ris.

De-main jeu-di, j'i-rai me pro-me-ner. Ma-man m'a gron-dé. Mon frè-re ai-me bien les bon-bons. Tu ai-mes trop le jeu. Nous i-rons en-sem-ble à la cam-pa-gne. Les rues sont mou-illées par la pluie. Le tym-pa-non est un jo-li in-stru-ment.

Le ca-fé mo-ka est fort bon. En gar-dant mon trou-peau, j'en-ten-dais chan-ter les gre-nou-illes. Le cep de vi-gne est rom-pu. Mon frè-re par-ti-ra au mois de Mai.

Exceptions sur la prononciation des Lettres.

C.

1° *C* se prononce *s* devant *e, i, y* : *ceci, cy ; se-si, si.*

2° *C* se prononce aussi *s* devant *a, o, u*, lorsqu'il y a une cédille dessous : *leçon, façade, reçu ; le-son, fa-sade, re-su.*

Ce ber-ceau est char-mant. J'ai vu les cè-dres du Li-ban. Mes an-cê-tres é-taient ver-tueux. Je viens de la ci-té. J'ai vu un cy-gne sur la ri-viè-re. Ce petit gar-çon est en-tê-té. Louis se per-ça la main avec un poin-çon. Vous a-vez re-çu vo-tre sa-lai-re. Ce fruit est â-pre. Vous se-rez pu-nis si vous ne sa-vez pas vos le-çons. L'é-lé-phant, ain-si que le ca-stor, ai-me la so-cié té de ses sem-bla-bles. Fran-çois est un bon pe-tit gar-çon. J'ai été à Tou-lon, j'y ai vu les for-çats. Je me suis a-per-çu de ma bé-vue. J'ai en-ten-du chanter la ci-ga-le. Ces en-fants par-lent a-vec fa-ci-li-té. Ma-man m'a gron-dé par-ce que j'ai fait l'en-tê-té. La ba-lan-çoi-re était très-é-le-vée.

E. I. U.

ë, ï, ü, revêtus du tréma se prononcent séparément de la voyelle qui précède : *Noël, égoïste, Archélaüs ; No-ël, é-go-ï-ste, Ar-ché-la-üs.*

A-dé-la-ï-de vien-dra à No-ël. Pau-lin est na-ïf. Saül é-tait roi d'I-sra-ël. Le mont Si-na-ï. I-sma-ël fut le pè-re des I-sma-ë-li-tes. La cha-ri-té dé-truit l'é-goï-sme. Ma-ïs, blé de Tur-quie.

ŒE.

1° *ŒE* équivaut ordinairement à *é* : œ-dè-me, œ-nas ; *édème, énas.*

2° *ŒE* devant *u* se prononce *e*, c'est-à-dire que *œu* fait *eu* : *vœu, nœud ; veu, neud.*

3° Devant *il*, œ équivaut à *eu* : **œil, œillet;** *euil, euillet.*

Le con-ci-le de Ni-cée é-tait un con-ci-le œ-cu-mé-ni-que. J'ai a-che-té des œufs au mar-ché. Ces bœufs sont très-beaux. J'ai-me beau-coup les œ-illets. On a mis des œ-illè-res à ce che-val.

G, Gu.

1° *G* se prononce *j* devant *e*, *i*, *y* : **loge, gîte, gypse;** *loje jîte jipse.*

2° *Gu* se prononce *gue* lorsqu'il est suivi d'une voyelle avec laquelle il ne forme qu'une seule syllabe : *langue, guide.*

3° *Gu* suivi d'une voyelle surmontée

d'un tréma garde sa prononciation naturelle : *ciguë, aiguë; cigu, aigu.*

No-tre â-me est cré-ée à l'i-ma-ge de Dieu. J'ai man-gé un fruit bien mûr et très sa-vou-reux. U-ne *guê*-pe m'a pi-qué. Je n'ai-me pas les pa-ro-les am-bi-*guë*s. Le cou-ra-ge de saint Louis, roi de Fran-ce, é-tait à l'é-preu-ve de tous les dangers. Mon *gui*-de m'a trom-pé. Al-phon-se é-prou-ve des dou-leurs très-ai-*guë*s. Vo-tre ju-ge est é-qui-ta-ble. Le ber-ger joue du fla-geo-let. J'ai vu de la ci-*guë*. Un geô-lier ac-tif et vi-gi-lant.

H.

Cette lettre est muette ou aspirée; elle est muette quand elle ne se fait pas sentir dans la prononciation : *habit, herbe; abit, erbe*. Elle est aspirée, quand elle fait prononcer avec un effort du gosier la voyelle qui la suit : *hoquet, hêtre*.

Mes *ha*-bits sont dé-chi-rés. Il est *heu*-reux dans la pen-sée que bien-tôt il joui-ra de la vue des bien-*heu*-reux. Les *ha*-bi-tu-des que l'on con-trac-te dans l'en-fan-ce ne se per-dent ja-mais en-tiè-re-ment. Nos a-gneaux brou-tent l'*h*erbe fraî-che. Ed-mond a mon-tré un cou-ra-ge *h*é-ro-ï-que. Ce mal-*h*eu-reux vient de

se rendre *h*o-mi-ci-de. Je l'ai vu por-ter à l'*h*ô-pi-tal. L'*h*u-mi-li-té est u-ne ver-tu très-rare et ce-pen-dant in-di-spen-sable pour le sa-lut.

*H*â-tez-vous de vous ren-dre à ce *h*a-meau. Vous avez le *h*o-quet. Da-vid jou-ait de la *h*ar-pe. Le *h*i-bou se tient dans les lieux so-li-tai-res. Le *h*ê-tre est un des plus beaux ar-bres de nos con-trées. Vous vous fai-tes *h*a-ïr par vo-tre ca-rac-tè-re *h*ar-gneux. Le *h*oux por-te de jo-lis pe-tits fruits rou-ges. La pe-ti-te fi-lle *h*au-tai-ne a é-té *h*u-ée dans la rue.

S.

S entre deux voyelles a le son du *z* : *vase, mesure ; vaze, mezure.*

Loui-*s*e a pré-sen-té un bou-quet de ro-*s*es à sa mère. Les frai-*s*es sont mû-res au mois de juin. Jo-*s*é-phi-ne a é-té mi-*s*e en pen-sion dans u-ne mai-*s*on re-li-gieu-*s*e. Les me-*s*u-res que vous avez- pri-*s*es ont é-choué. Au mois de Mai, les oi-*s*eaux font en-ten-dre leur ga-*z*ou-ille-ment. Les ce-ri-*s*es sont dé-jà rou-ges. Heu-reux les mi-*s*é-ri-cor-dieux, par-ce qu'il leur se-ra fait mi-*s*é-ri-corde. E-vi-tez les lec-tu-res cu rieu-ses. La plai-san-te rie a-mè-re est le poi-son de l'a-mi-tié. L'hy-po-cri-sie est un vi-ce o-dieux. Ce-lui qui mé-pri-se son pro-chain pè-che. Al-bert est mort en pro-non-çant les saints noms de Jé-sus, de Ma-rie et de Jo-seph. Le sa-ge se pré-ser-ve du pé-ché.

Y.

L'y placé entre deux voyelles a le son de deux *i* : *tuyau, pays, royal*; *tui-iau, pai-is, roi-ial*.

Ce crayon est à moi. Ce che-valier loyal a déployé une bra-voure surprenante. La prairie verdoyante. J'ai côtoyé les bords de l'Océan. Un noyau d'abricot. Il ne faut pas vous tutoyer. Vous n'employez pas tous vos instants. Les oiseaux font entendre leurs chants joyeux. Le palais royal. Demain nous irons en voyage. Les livres que je vous ai envoyés sont payés. Rodolphe croyait que le tuyau était brisé. Vous m'avez frayé la route.

CONSONNES REDOUBLÉES.

1° Dans les mots où une seule consonne redoublée se fait sentir, on épelle comme s'il n'y en avait qu'une : *affaire, année, innocence, homme; a-ffai-re, a-nnée, i-nno-cen-ce, ho-mme.*

Ce sol-dat a com-ba-*tt*u a-vec cou-ra-ge. Les maux que vous a-vez sou-*ff*erts, vous ont a-*pp*ris à ê-tre sen-si-ble à ceux des au-tres. Mes Enfants, a-*pp*li-quez vous à bien a-*pp*ren-dre vo-tre ca-té-chi-sme. Le fleu-ve qui a-*rr*o-se nos con-trées est très ra-pi-de. L'ho-*mm*e qui se li-vre à ses pa-*ss*ions se-ra mal-heu-reux. L'a-*nn*ée der-niè-re, je pris co-*nn*ai-*ss*an-ce de l'a-*ff*ai-re qui vous o *cc*u-pe. L'in-stant où nous nai-*ss*ons est un pas vers la mort. A-vou-ez a-vec fran-chi-se les fau-tes que vous a-vez co-*mm*i-ses. L'en-fant dé-so-bé-i-*ss*ant se-ra pu-ni, et ce-lui qui se-ra o-bé-i-*ss*ant se-ra ré-compen-sé. Les trou-peaux de mou-tons bon-di-*ssent* dans les prai-ries.

2° On épelle séparément les consonnes redoublées, lorsque l'une et l'autre se font sentir dans la prononciation : *accident, accès, immense* ; *ac-ci-dent, ac-cès, im-men-se.*

A-gla-é a u-ne con-dui-te *ir-ré*-pro-cha-ble. Ju-les est *ir-ré*-flé-chi. Tel vous au-rez vé-cu, tel vous mou*r*-rez. U-ne ar-mée *in-n*om-bra-ble. Dieu rem-plit tout par son *im-m*en-si-té. Les sai-sons se su*c-c*è-dent. Oc-ta-vie a de l'in-te*l-l*i-gen-ce. La sain-te Vier-ge est *im-m*a-cu-lée. Vei-*llez* à ne pas ê-tre *im-m*o-dé-ré dans vos dé-sirs. Je viens de fai-re u-ne per-te *ir-ré-pa-ra-ble*.

3° Lorsque les consonnes redoublées sont précédées de *e*, la prononciation de cette voyelle se rapproche souvent de l'*e* ouvert, comme dans : *ânesse, pierre, presse ; a-nè-ce, piè-re, prè-ce*. Assez souvent aussi elle se rapproche de l'*e* fermé, comme dans : *essaim, effigie, ineffable, essor ; éssaim, éfigie, inéfable, éssor*.

Le lierre est une plante grimpante. La comtesse vient de la messe accompagnée de sa négresse. Le tonnerre gronde. Nos désirs doivent se porter sans cesse vers Dieu. Elle s'empresse d'aller à confesse. La princesse Marguerite-de-Valois épousa Henri IV. La duchesse d'Angoulême était fille de Louis XVI.

L'âme coupable envisage la mort avec effroi. Les bienheureux jouissent d'un contentement ineffable. Vos avis ont été efficaces. Vous ne pourrez effectuer vos projets. La pratique de la vertu demande de généreux efforts. La pensée de la mort a produit sur son âme un effet salutaire. L'ecclésiaste est un livre de la Bible.

4° *e* devant *mm* dans le corps des mots se prononce *a* : *apparemment, décemment ; apparament, déçament.*

Frédéric m'a parlé confidemment de cette affaire. Amédée parle insolemment. Mon ami est éminemment vertueux. Cette femme prie fervemment et se conduit très-prudemment. Mes Enfants, aimez ardemment Notre-Seigneur. Soyez toujours vêtus décemment.

Sc, sp, st.

Lorsque ces assemblages sont précédés

de *e*, le *s* appartient à la syllabe qui précède : *modestie, estrade; mo-des-tie, es-tra-de.*

Cé-les-te vient de tom-ber du haut de l'es-ca-lier. Jo-sé-phi-ne a l'esprit bi-za-rre. La pui-ssan-ce et la bon-té de Dieu se ma-ni fes-tent dans tout l'u-ni-vers. Mes Enfants, il faut res-pec-ter vos pa-rents. A la mort, il ne res-te à l'homme que ses ver-tus ou ses vi-ces. Il a l'es-pé-ran-ce d'u-ne vie bien-heu-reu-se. Ce bois o-ccu-pe l'es-pa-ce d'u-ne lieue.

Ia, ié, iè, io, ian, ien, ion,

Lorsque ces diphtongues sont précédées

des assemblages *bl*, *br*, *cl*, *cr*, *dr*, *fl*, *fr*, *gl*, *gr*, *pl*, *pr*, *tr*, *vr*, elles se divisent: l'*i* se joint à l'un de ces assemblages pour former une syllabe : *craindrions, plions* ; *crain-dri-ons, pli-ons*.

Nous ou-bli-ons sou-vent nos fins der-niè-res. Nous de-vri-ons crain-dre le pé-ché plus que la mort. Ce lin-ge est mal pli-é. Vous ê-tes bien ou-bli-eu-se. Re-né est gri-è-ve-ment ma-la-de. Cé-ci-le pri-a qu'on la lai-ssât seu-le. Saint Cy-pri-en est mort mar-tyr. Ro-bert a man-gé u-ne bri-o-che. Ou-bli-ant ses maux, Ro-sa-lie ne pen-sait qu'à ceux de ses a-mies. Nous sou-ffri-ons a-vec pei-ne u-ne in-ju-sti-ce au-ssi cri-an-te. Vous en-tri-ez en mê-me temps que moi.

Eur, our, air, oir, ail, eil, iel, eul, euf, oif, uel.

Ces assemblages se prononcent d'une seule émission de voix.

La ver-tu a *pour* ceux qui la pra-ti-quent, des beau-tés, des char-mes tou-*jours* nou-veaux. Le *Ciel* est no-tre co-mmu-ne pa-trie. L'*air* qu'on res-pi-re sur les tom-beaux é-pu-re les pen-sées. Le vrai bo-nh*eur* ne se trou-ve que dans la pra-ti-que de la ver-tu. Heu-reux ceux qui ont faim et *soif* de la ju-sti-ce,

par-ce qu'ils se-ront ra-ssa-siés.
Sui-vez le con-s*eil* du sa-ge et
vous ne vous é-ga-re-rez pas.
Na-tha-lie joue sous le ti-ll*eul*.
Je n'ai-me pas l'*ail*. Ce s*oir* j'au-
rai un ha-bit n*euf*. L'a-m*our*
fra-ter-nel est la s*our*-ce du dé-
voue-ment. Sa-ül fut sa-cré roi
par Sa-m*uel*.

Ien.

Ien suivi de *c* ou de *t* se prononce *ian*:
Emollient, faïence; émoliant, faïance.

Les re-mords de sa con-sc*ien*-
ce la tour-men-tent. Il y a de
grands in-con-vé-n*ien*ts à con-
fier ses a-ffai-res à un ho-mme
sans ex-pé-r*ien*-ce. Il est ex-pé-

d*ien*t que je par-te. Le sa-ge ai-me la sc*ien*-ce. L'o-r*ient* est le point où le so-leil se lè-ve. Le prin-ce m'a do-nné au-d*ien*-ce.

Cependant, lorsque cette diphtongue se trouve dans un mot précédé de *il*, elle garde sa prononciation : il *maintient*, il *soutient*, il *prévient*, il *s'abstient*, il *contrevient*.

Ill.

Ill au commencement des mots n'est jamais mouillé ; les deux *l* se prononcent : *illustre, illuminé* ; *il-lu-stre, il-lu-mi-né*.

Des me-su-res *il-lé*-ga-les. U-ne é-cri-tu-re *il-li*-si-ble. L'é-gli-se é-tait tout *il-lu*-mi-née. Saint-

Fran-çois-de-Bor-gia des-cen-dait d'u-ne mai-son i*l-l*u-stre. Vous ê-tes dans l'i*l-l*u-si-on. Ce-la s'est fait i*l-l*é-ga-le-ment. Un temps i*l-l*i-mité.

T.

T suivi de *ion* se prononce *s* : *attention, correction* ; *attension, correcsion*.

La bo-nne é-du-ca-*t*ion est un tré-sor d'un prix i-nes-ti-ma-ble. N'é-par-gnez pas la co-rec-*t*ion à l'en-fant. Dieu ju-ge-ra tou-tes nos ac-*t*ions. Il est di-scret dans la con-ver-sa-*t*ion. Pre-nez de bo-nnes ré-so-lu-*t*ions. Ces en-fants ont u-ne ten-dre dé-vo-*t*ion à la sain-te Vier-ge.

Cependant *t* conserve sa prononciation toutes les fois qu'il est précédé de *s* ou de *x*, ou quand le mot est précédé de *nous* : *indigestion, mixtion,* nous *contentions.* Excepté : Nous *initions,* nous *balbutions.*

Tout est en com-bu-*s*tion. Quand vous êtes ar-ri-vés, nous fê-*t*ions no-tre mè-re. Ce phar-ma-cien sait bien fai-re u-ne mix-*t*ion. J'ai vu de très-beaux bes-*t*iaux. Ré-pon-dez à mes ques-*t*ions.

X, Ex.

X au commencement des mots se pro-nonce *gz* : *Xavier, Xénophon; Gzavier, Gzénophon.*

2° *Ex* au commencement des mots, suivi d'une voyelle ou d'une *h* muette, se prononce *égz* : *ex*ercice, *ex*horter ; *égz*ercice, *égz*horter.

Saint-François-Xavier fut l'apôtre des Indes et du Japon. Xercès était roi de Perse. Céline est très-*ex*acte à remplir ses devoirs, elle est l'*ex*emple de ses compagnes. Soyez fidèle à *ex*écuter vos promesses Tant que nous serons sur la terre, nous devons nous regarder comme des *ex*ilés. Celui qui s'abaisse sera *ex*alté. Il faut *ex*hausser ce bâtiment. Ces bosquets fleuris *ex*halent une odeur délicieuse. Si vous voulez avancer dans la vertu, *ex*aminez-vous chaque jour avec soin. Voulons-nous être *ex*aucés dans nos prières, prions avec confiance.

REMARQUES.

Les deux consonnes formant l'assemblage *gn* gardent leur prononciation naturelle dans les mots suivants : re-*gn*i-co-le, sta-*gn*er, sta-*gn*ant, i-*gn*é, dia-*gn*o-stic, *gn*o-sti-que, etc.

E devant *ss* se prononce *e* dans : d*e*-ssus, d*e*-ssous, r*e*-ssai-sir, r*e*-ssen-tir, r*e*-ssor-tir, r*e*-ssai-gner, r*e*-ssau-ter, r*e*-ssem-blan-ce, r*e*-ssem-bler, r*e*-ssè-mer, r*e*-ssou-ve-nir, r*e*-ssour-ce, etc.

On ne prononce qu'un *l* dans capi-*ll*aire, di-sti-*ll*er, pu-pi-*ll*e, mi-*ll*e, tran-qui-*ll*e, vi-*ll*e, vi-*ll*a-ge, Li-*ll*e, A-chi-*ll*e, etc.

L est mouillé dans A-vri*l*, ba-bi*l*, ci*l*,

gré-si*l*, mi*l* (plante), pé-ri*l*, gen-ti*l*, (païen), etc.

L est nul dans ba-ri*l*, cou-ti*l*, fu-si*l*, per-si*l*, pou*l*s, ou-ti*l*, sour-ci*l*, etc.

X se prononce *z* dans : si-*x*ain, deu-*x*iè-me, deu-*x*iè-me-ment, si-*x*iè-me, si-*x*iè-me-ment, di-*x*iè-me, di-*x*iè-me-ment, etc.

X équivaut à *se*, dans : Ai*x*, Au-*x*o-nne, Ca-di*x*, di*x*, si*x*, soi-*x*an-te, etc.

Ch équivaut à *k* dans : Ar-*ch*an-ge, ar-*ch*i-é-pi-sco-pal, a-na-*ch*o-rè-te, ca-té-*ch*u-mè-ne, *ch*a-os, *ch*ré-tien, *ch*œur, *ch*o-lé-ra, *ch*o-ri-ste, é-*ch*o, Eu-*ch*a-ri-stie, pa-tri-ar-*ch*al, An-tio-*ch*us, A-*ch*a-ïe, *Ch*al-cé-doi-ne, *Ch*al-dée, *Ch*am, *Ch*a-na-an, Jé-ri-*ch*o, Ma-*ch*a-bée, Mel-*ch*i-sé-de*ch*, Na-bu-*ch*o-do-no-sor, etc.

S entre deux voyelles se prononce *ç* dans: An-ti-so-cial, con-tre-si-gner, dé-sué-tu-de, mo-no-syl-la-be, po-ly-syl-la-be, pa-ra-sol, pré-sé-an-ce, pré-su-ppo-ser, vrai-sem-blan-ce, etc.

T se prononce *s* 1° dans tous les mots qui finissent par *atie, étie, utie*, tels que : diplo-ma-*t*ie, pro-phé-*t*ie, mi-nu-*t*ie ; 2° dans : cap-*t*ieux, i-ni-*t*ial, par-*t*iel, et tous les mots à finales semblables ; 3° dans : in-sa-*t*ia-ble, quo-*t*ient, pa-*t*ient, sa-*t*ié-té, etc.

O est nul dans : Laon, faon, paon, etc.

A est nul dans *août, Saône, taon*, etc.

E se prononce *a* dans : solennel, hennir, etc., et *en* se prononce *an* dans *e*nivrer, *e*norgueillir, etc.

P est nul dans compte, dompter, etc. *Monsieur* se prononce *Mossieur*.

RÉCAPITULATION GÉNÉRALE.

Il y a en Dieu un œil qui voit tout, u-ne o-rei-lle qui en-tend tout, et u-ne main qui écrit tout. On est tou-jours mal-heu-reux, quand on ne sait pas se con-ten-ter des biens que la Pro-vi-den-ce nous don-ne. La pa-tien-ce est u-ne des ver-tus les plus u-ti-les dans la vie; sa pra-ti-que rend plus lé-gers les maux qu'on ne peut co-rri-ger. Lor-squ'on n'o-se-rait pas o-ffrir à Dieu ce que l'on va fai-re, il faut s'en ab-ste-nir. Dor-mir le pé-ché mor-tel dans l'â-me, c'est s'ex-po-ser à se ré-vei-ller dans l'en-fer. Le tra-vail est le mei-lleur au-xi-liai-re de la ver-tu. Les en-fants o-bé-i-ssants sont bé-nis de Dieu et ché-ris des ho-mmes. E-cri-vez les in-ju-res sur le sable et gra-vez les bien-faits dans vos cœurs.

Un chrétien chinois, fort jeune, s'était oublié, dans un emportement, jusqu'à dire à sa mère quelques paroles offensantes qui avaient scandalisé tout le voisinage. Dès que, revenu à soi, il fit réflexion à ce qui lui était échappé, il assembla ses voisins, et, se mettant à genoux en leur présence, il demanda pardon à sa mère. Ensuite, pour expier sa faute, il s'imposa lui-même une pénitence pénible et humiliante. Puis, adressant la parole à tous ceux qui étaient présents, il leur dit : « Un chrétien peut s'écarter de son devoir dans un premier moment de colère, mais sa religion lui apprend à réparer aussitôt sa faute, et c'est pour vous en convaincre que je vous ai priés d'être témoins de tout ce qui vient de se passer. »

Ne cher-chez point à vous ven-ger et en con-ser-vez point le sou-ve-nir des in-ju-res. Le vi-de d'un jour per-du ne se-ra ja-mais rem-pli. Ce-lui qui per-sé-cu-te l'ho-mme de bien fait la gue-rre au ciel. Les ex-cuses sont ra-re-ment ex-emp-tes de men-son-ge. Ce n'est pas a-ssez d'avoir de gran-des qua-li-tés, il faut en-co-re sa-voir les é-co-no-mi-ser. Ce-lui qui est ce qu'il pa-raît, fe-ra ce qu'il a pro-mis. Le cri-me est le bou-rreau de l'âme. Tra-va-ille à pu-ri-fier tes pen-sées ; si tes pen-sées sont pu-res, tes ac-tions le se-ront au-ssi. Il n'y a point de gens plus vi-des que ceux qui sont pleins de leur mé-ri-te. Ne soyez point sage à vos pro-pres yeux. Mon Fils, ne re-je-tez point la co-rrec-tion du Sei-gneur, et ne vous a-ba-ttez pas lor-squ'il vous châ-tie.

Un enfant de quinze ans tomba dangereusement malade. Le médecin lui donna mal à propos un remède qui fit bientôt désespérer de sa vie. Plusieurs infidèles, amis du père du jeune homme, vinrent chez lui, et le pressèrent d'avoir recours à certaines cérémonies superstitieuses, qu'ils assurèrent être infaillibles pour retirer son fils des portes de la mort où il était. Le père aimait passionnément son fils, et était inconsolable de le perdre. Peut-être aurait-il succombé à une tentation si délicate; mais Dieu l'affermit bientôt par la bouche même de son fils mourant. Ce jeune homme n'eut pas plus tôt entendu le conseil qu'on donnait à son père que, recueillant tout ce qu'il lui restait de forces, il s'écria : « Laissez-moi mourir, mon Père, laissez-moi mourir, et donnez-vous bien de garde de faire aucune chose qui soit suspecte de la moindre superstition. Je préfère la mort à la vie, si je ne puis continuer à vivre qu'en offensant le Seigneur. »

Crai-gnez Dieu, et é-loi-gnez-vous du mal. Pen-sez à lui dans tou-tes vos voies, et il

con-dui-ra lui-mê-me vos pas.
Le Sei-gneur châ-tie ce-lui qu'il
aime, et il trou-ve en lui son
plai-sir co-mme un pè-re dans
son fils. Heu-reux ce-lui qui
est sa-ge et ri-che en pru-den-
ce. Où l'on tra-va-ille beau-
coup, là est l'a-bon-dan-ce. Peu
avec la ju-sti-ce vaut mieux
que de grands biens a-vec l'i-
ni-qui-té. Ce-lui qui a pi-tié
du pau-vre prê-te à in-té-rêt
au Sei-gneur qui le lui ren-
dra au cen-tu-ple. Mi-lle parties de plai-sirs ne lai-ssent
au-cun sou-ve-nir qui va-ille
ce-lui d'u-ne bo-nne ac-tion.
Em-ployons cha-que jour de
no-tre vie co-mme s'il de-vait

ê-tre le der-nier. Ce-lui qui o-ppri-me le pau-vre fait in-ju-re à Dieu qui l'a cré-é ; mais ce-lui qui en a com-pa-ssion glo-ri-fie le Sei-gneur qui tient fait à lui-mê-me ce qu'on fait au moin-dre des siens.

Charité héroïque d'un enfant de cinq à six ans.

Docile aux leçons de bienfaisance et de charité qu'on lui avait données, cet enfant montra, dès ses plus tendres années, le plus vif empressement à soulager les malheureux. Toutes les fois qu'il rencontrait un pauvre, il se hâtait de l'aborder, et lui donnait aussitôt tout ce qu'on lui avait donné à lui-même pour ses menus plaisirs. Etant tombé malade à l'âge de cinq à six ans, le médecin lui ordonna une médecine; mais le grand embarras fut de le déterminer à la prendre. En vain joignait-on les promesses aux exhortations, en vain lui assura-t-on que, s'il prenait le remède, on lui donnerait tous les bonbons, tous les jouets, tous les bijoux qu'il pourrait souhaiter; rien ne put le gagner. Alors sa mère, qui connaissait son heureux penchant à faire le bien, s'avisa de lui dire : « Ah ! mon bon Ami, je viens de voir un pauvre qui est presque tout nu et tout transi de froid; eh bien! si tu prends la médecine, je te promets que, dès aujourd'hui, je le ferai habiller tout à neuf. — Ah! s'il en est ainsi, dit l'enfant, je la prendrai. » Il se mit en effet à la prendre ; mais lorsqu'il en eut avalé la moitié, il s'arrêta en disant : « O Maman! que cela est mauvais; je ne puis aller jusqu'au bout. — Tu veux donc, répartit la mère, que je n'habille le pauvre qu'à demi? car, si je t'ai promis de l'habiller entièrement, ce n'a été qu'à condition que tu prendrais toute la médecine. » A ces mots, l'enfant demande le verre qui en contenait les restes; et, sans se faire prier, il en avale jusqu'à la dernière goutte.

Ce-lui qui gar-de sa lan-gue pré-ser-ve son â-me de grands maux. Les lè-vres men-teu-ses sont en a-bo-mi-na-tion au Seigneur. Ce qu'on fait pour le mon-de périt avec le mon-de; mais ce qu'on fait pour Dieu de-meu-re tou-jours. Ne ju-gez point et vous ne se-rez point ju-gé. Ce-lui qui ne pro-fi-te pas des ré-pri-man-des qu'on lui fait, s'é-ga-re. Ce-lui qui é-vi-te de fai-re le bien tom-be-ra dans le mal. Tout ar-bre qui ne por-te-ra pas de bons fruits se-ra cou-pé et je-té au feu. Le Pa-ra-dis ga-gné, tout est ga-gné ; le Pa-ra-dis perdu, tout est per-du. L'en-fant sa-ge est la joie de son pè-re et la con-so-la-tion de sa mè-re. Il n'y a rien d'aussi cher que le temps ; ceux qui le per-dent sont les plus blâ-ma-bles de tous les pro-di-gues. L'in-sen-sé se mo-que de la co-rrec-tion ; mais ce-lui qui se rend au châ-ti-ment, de-vien-dra sa-ge. Le vrai ser-vi-teur-de Ma-rie ne pé-ri-ra ja-mais.

Une jeune Chinoise nommée Marie, âgée de onze à douze ans,

eut la dévotion de se confesser avant la fête du Saint-Sacrement. Après la confession, le Père missionnaire lui dit : « Je crois que, par la miséricorde de Dieu, vous êtes bien avec lui ; mais vous êtes jeune, et ce lieu-ci est plein de dangers pour la vertu *. Qui sait si vous vous soutiendrez, et si un jour vous n'offenserez point le bon Dieu mortellement? Je vous avoue que cette pensée me fait trembler. — Ne craignez pas, répondit la jeune Marie, j'aimerais mieux mourir que d'offenser Dieu. — Si cela est, reprit le

---

* Cette jeune personne était de la famille impériale.

missionnaire, je vous conseille de demander à la sainte Vierge qu'elle vous obtienne la grâce de mourir plutôt que d'offenser Dieu mortellement. » A l'instant, cette jeune personne, se tournant vers une image de Marie, qui était à l'oratoire du confesseur, se mit à genoux, se prosterna et frappa la terre du front, pour honorer la Mère de Dieu; elle pria un moment, puis elle dit au missionnaire : « Soyez tranquille, mon Père; j'espère que la sainte Mère m'exaucera. » Elle sortit bien contente et le Père bien édifié. Quelques jours après, il lui vint une petite enflure à la joue. On crut d'abord que cette incommodité ne pouvait avoir aucune suite funeste; mais elle dégénéra bientôt en un cancer malin, qui en moins de vingt jours, lui mangea presque tout le visage. Elle soutint cet état avec une constance angélique et mourut pleine de joie, persuadée que sa mort était le fruit de la prière qu'elle avait adressée à la sainte Vierge, et un effet de la bonté de Dieu, qui voulait l'arracher aux périls du monde et assurer son salut.

Il me faudrait des volumes pour vous décrire toutes les grâces dont les serviteurs de Marie ont été redevables à sa puissante médiation. Les uns, éclairés par les lumières qu'elle leur a obtenues, ont reconnu clairement l'état où le Seigneur les appelait; les autres, aidés de son secours, ont conservé leur innocence au milieu des plus violentes tentations. Tous enfin ont éprouvé, selon leurs besoins, les salutaires effets de sa protection.

Voyez-vous, mes Enfants, cet homme, au milieu de ce champ, conduisant des bœufs qui traînent une charrue qui déchire la terre. Eh bien! il laboure; bientôt il va former de larges sillons sur lesquels on jettera du blé. Ce grain commence à germer par l'effet de la chaleur joint à l'humidité ; la feuille du germe perce ensuite la superficie de la terre ; puis il s'élève une tige avec des nœuds et des feuilles ; elle se termine bientôt par un épi ; cet épi ne tarde pas à fleurir, puis à se remplir de grains qu'enfin les chaleurs font mûrir. Alors on voit ces beaux champs dorés. Le moissonneur vient y mettre la faucille et forme de grosses gerbes que l'on étend ensuite sur une terre bien unie, puis on bat ces gerbes ainsi étendues, et l'on obtient le grain qui produit la farine avec laquelle on fait le pain.

O mes Enfants! que Dieu est bon de nous donner ainsi de quoi nous nourrir! Chaque fois que vous voyez un champ de blé, élevez donc vos cœurs vers lui pour le remercier et le bénir.

Un Turc désirait ardemment épouser une jeune Bulgare d'environ quinze ans, qui avait été élevée dans la religion catholique. Il n'oublia rien pour la gagner et pour obtenir son consentement; mais elle refusa toujours, parce qu'elle craignait, avec raison, de compromettre sa foi. Le Mahométan, voyant que tout était inutile, ne consulta plus que son désespoir; il suborna des témoins. Ceux-ci attestèrent que la jeune personne avait donné parole d'épouser le Turc et d'embrasser la religion de Mahomet. Elle nia l'un et l'autre. Le juge l'envoya en prison, sa mère l'y suivit. Là, persuadée que le Seigneur n'abandonne jamais ceux qui l'invoquent avec confiance, elle répétait continuellement ces paroles : « Mon Seigneur et mon Dieu, vous savez que je suis à vous ; délivrez-moi de ce danger, ou appelez-moi à vous. » Sa prière ne fut pas sans effet : elle mourut après moins de deux jours de détention. Les gardes aperçurent une grande lumière sur la chambre où elle était ; ils y entrèrent, la trouvèrent morte ; et, frappés de ce prodige, ils en répandirent le bruit dans toute la ville. Beaucoup de personnes voulurent en être témoins. Les Grecs, frappés aussi de cet évènement, mirent en pièces une partie de ses habits, et le missionnaire, qui a rapporté ce fait, atteste qu'on les conserve encore comme des reliques.

L'HOMME.

L'homme est composé de deux substances ; l'une spirituelle, c'est l'*âme;* l'autre matérielle, c'est le *corps.*

L'*âme* qui est créée à l'image de Dieu et qui est immortelle, a trois facultés : la mémoire, l'entendement et la volonté. La *mémoire* est la faculté par laquelle l'âme conserve le souvenir des choses. L'*entendement* est celle par laquelle l'âme conçoit. La *volonté*, celle qui détermine l'âme à faire une action ou à ne pas la faire.

Le *corps* a cinq sens, qui sont : la vue, l'ouïe, l'odorat, le goût et le toucher. La *vue* réside dans le globe de l'œil. L'*ouïe*, dans l'oreille. L'*odorat*, dans le nez. Le siége du *goût* repose sur la langue. Le *toucher* occupe tout le corps.

Selon le cours ordinaire de la vie, l'homme passe par quatre états successifs et distincts* : l'enfance, l'adolescence, l'âge viril et la vieillesse. L'*enfance* comprend depuis la naissance jusque vers la quinzième année. L'*adolescence*, depuis quinze ans jusqu'à vingt-cinq ans. L'âge *viril*, depuis vingt-cinq ans jusqu'à cinquante. Le temps qui s'écoule depuis cinquante ans jusqu'à la mort se nomme la *vieillesse*.

La mort détruira notre corps,

---

* Prononcez *distincte*.

et c'est alors que notre âme paraîtra devant son juge suprême pour recevoir sa récompense ou sa punition.

DIVISION DU TEMPS.

L'année ordinaire est composée de 365 jours, renfermés dans douze mois, qui sont : *Janvier*, *Février*, *Mars*, *Avril*, *Mai*, *Juin*, *Juillet*, *Août*, *Septembre*, *Octobre*, *Novembre*, *Décembre*.

Janvier, Mars, Mai, Juillet, Août, Octobre, Décembre, ont chacun 31 jours. Avril, Juin, Septembre, Novembre, ont chacun 30 jours. Février a 28 jours, les années ordinaires, et 29 les années bissextiles, ce qui a eu lieu en 1856. Il en sera de même de 4 en 4 ans.

La semaine est de 7 jours, *Dimanche, Lundi, Mardi, Mercredi, Jeudi, Vendredi, Samedi.* Le jour a 24 heures; l'heure, 60 minutes; la minute, 60 secondes.

Il y a quatre saisons dans l'année : le *Printemps*, l'*Été*, l'*Automne*[*] et l'*Hiver*. Le Printemps, qui voit renaître la verdure et les fleurs, commence vers le 21 Mars. L'Été, qui mûrit les fruits de la terre, commence vers le 21

---

[*] *L'Autonc.*

Juin, jour le plus long. L'Automne, qui est le temps de la récolte, commence vers le 21 Septembre. L'Hiver est le temps des froids et des neiges, et celui où la terre est en repos et reprend de nouvelles forces; il commence vers le 22 Décembre, jour le plus court.

DIVISION DE LA TERRE.

Le globe terrestre est divisé en 5 parties, savoir : l'*Europe*, l'*Asie*, l'*Afrique*, l'*Amérique* et l'*Océanie*. Nous habitons la *France*, qui est une contrée de l'*Europe*.

POINTS CARDINAUX.

Le *levant, orient* ou *est*, est le point où le soleil se lève.

Le *couchant, occident* ou *ouest*, est celui où il se couche.

Le *sud* ou *midi*, celui où il se trouve à égale distance de son lever et de son coucher.

Le *nord* ou *septentrion*, le point opposé au sud.

Quand on regarde le soleil à *midi*, on a le *levant* à gauche, le *couchant* à droite, le *sud* en face et le *nord* par derrière.

LES TROIS RÈGNES DE LA NATURE.

Toutes les productions de la

nature se partagent en trois classes :

Le règne *animal*, le règne *végétal* et le règne *minéral*.

1° Le règne *animal* renferme les quadrupèdes*, les oiseaux, les reptiles, les poissons et les insectes.

On appelle *quadrupèdes* les animaux qui ont quatre pieds, comme l'éléphant, le bœuf, le cheval, le cerf, le mouton, le chien, le lapin, le chat, la souris.

On appelle *oiseaux* les animaux qui ont des plumes et des ailes, comme l'aigle, l'au-

---

* *Quouadrupèdes.*

truche, le faisan, la poule, la perdrix, le perroquet, le coucou, le pigeon, le rossignol, l'hirondelle.

Les animanx qui rampent, comme la couleuvre, la vipère, l'aspic, les lézards, la grenouille se nomment *reptiles*.

Ceux qui vivent dans l'eau, comme le saumon, la morue, la carpe, le brochet, la sole, le goujon, les anguilles sont des *poissons*.

Enfin une multitude de petites bêtes, telles que l'araignée, l'abeille, la guêpe, la fourmi, la chenille, les vers, le limaçon, les puces, les mouches sont des *insectes*.

2° Le règne *végétal* renferme les arbres, les arbrisseaux, les herbes et les légumes.

Le chêne, le hêtre, le peuplier, le palmier, le sapin, le noyer, le pêcher, l'amandier, le poirier sont des *arbres*.

Le myrte, le buis, le rosier, le groseillier, le framboisier sont des *arbrisseaux*.

Le sainfoin, la luzerne, le trèfle, le fenouille, le chiendent, le mouron sont des *herbes*.

Le chou, le salsifis, la carotte, le navet, la laitue, l'artichaut, l'asperge, la pomme de terre sont des *légumes*.

3° Le règne *minéral* renferme les pierres, les métaux et les combustibles.

L'ardoise, le marbre, le diamant, le rubis sont des *pierres*

Le platine, l'or, l'argent, le cuivre, le fer sont des *métaux*.

Le soufre, le bitume, la houille ou charbon de terre, l'ambre sont des *combustibles*.

L'ÉLÉPHANT.

L'éléphant surpasse tous les animaux terrestres en grandeur. Il approche de l'homme par le développement de ses facultés instinctives ; il réunit les qualités les plus éminentes. Au moyen de sa trompe, qui lui sert de bras et de main, il peut enlever et saisir les plus petites choses comme les plus grandes, les porter à sa bouche, les poser sur son dos, les tenir embrassées et les lancer au loin. Comme le chien, il est susceptible de reconnaissance et capable d'un fort attachement; il s'accoutume aisément à l'homme, se soumet à lui, moins par la force que par les bons traitements, le sert avec zèle, avec fidélité, avec sagacité.

Dans l'état sauvage, l'éléphant n'est ni sanguinaire ni féroce; il est d'un naturel doux, et jamais il n'emploie sa force, qui est prodigieuse, que pour se défendre ou protéger ses semblables. Lorsqu'il est dompté, il devient le plus doux et le plus obéissant de tous les animaux; il s'attache à celui qui le soigne : il le caresse, le prévient et semble deviner tout ce qui peut lui plaire; en peu de temps, il vient à comprendre les signes et même à entendre l'impression des sons. Il ne se trompe pas à la parole de son maître; il reçoit ses ordres avec attention, les exécute avec prudence et avec empressement.

Les défenses ou dents d'éléphant fournissent la substance connue sous le nom d'ivoire.

LE LION, LE TIGRE, L'OURS, LE CHAMEAU, L'ÉCUREUIL, LE CHIEN ET LE LOUP.

Le *lion* est le premier des animaux carnassiers; son corps est long de cinq à six pieds; une grande et épaisse crinière couvre ses épaules et son cou; il a un air noble, sa démarche annonce une majestueuse intrépidité. A la fierté, au courage, à la force, il joint la clémence et la magnanimité.

Le *tigre* est un animal carnassier, féroce et très cruel; il est à peu près de la même taille que le lion; son corps est rayé de bandes noires, ses yeux sont hagards ; sa langue couleur de sang, toujours hors de sa gueule, annonce sa cruauté.

L'*ours* a le corps trapu et les membre robustes ; cet animal vit solitaire dans les montagnes et dans les neiges ; il est carnassier et féroce, il écrase sa victime sous ses pieds ou l'étouffe dans ses bras ; il est prudent et courageux.

Le *chameau* a le dos surmonté d'une bosse ; il a des mœurs douces, c'est le plus sobre de tous les animaux ; il peut passer plusieurs jours sans boire. Dans les pays arides, où l'eau est très-rare, il remplace le cheval et le bœuf. Sa force et sa docilité en font une bête de somme des plus commodes. Sa chair est un bon aliment, son lait donne du beurre et d'excellents fromages.

L'écureuil est un joli petit animal dont les doigts sont pourvus d'ongles crochus ; il s'en sert pour saisir sa nourriture et la porter à sa bouche ; sa queue se redresse en long panache. Agile, intelligent et gai, il passe sa vie sur les arbres élevés, dans un nid mollement garni de mousse et recouvert d'un toit contre la pluie. Lorsqu'il veut transporter sa demeure sur un arbre éloigné et qu'une rivière se rencontre sur son passage, il s'embarque sur un morceau d'écorce et gouverne adroitement sa nacelle en établissant sa queue comme une large voile.

Le *chien* est un animal domestique d'une grande utilité; il est d'une vigilance extrême, d'un courage extraordinaire et d'un attachement inouï pour son maître. Quand l'homme est attaqué, il est son défenseur; il le garde pendant la nuit, l'accompagne à la chasse, où il poursuit la proie avec ardeur et la lui rapporte fidèlement. Il est le berger vigilant du troupeau que l'on confie à sa garde; le conducteur dévoué de l'aveugle; le guide du voyageur, au sein des ténèbres et au milieu des abîmes. Enfin, il ne met point de bornes à son dévouement et à son amour pour l'homme.

Le *loup* a la taille et la physionomie du chien sauvage; il vit ordinairement seul, il attaque et se défend avec fureur. Il sent le gibier à plus d'une lieue; il est souvent la désolation du berger à qui il enlève ses chères brebis.

LE TRAVAIL.

Le travail est une nécessité

de la vie; l'apôtre saint Paul nous ordonne le travail des mains, et nous engage à nous appliquer à ce que nous avons à faire.

L'application rend le travail plus facile et plus agréable : faites tout avec soin ; vous vous épargnerez des reproches et l'ennui de recommencer ; si vous n'avez pas réussi dès la première fois, ne prenez pas d'humeur : l'humeur est une preuve de faiblesse ou d'orgueil ; ne vous troublez pas ; mais recommencez avec calme, avec attention, et vous réussirez.

Dans quelque position que

vous soyez, travaillez donc avec constance, avec courage, avec joie.

Le travail est la peine du péché : vous avez péché, travaillez ; le travail est un préservatif contre le péché ; vous êtes tentée, travaillez ; la constance dans le travail amène seule la réussite ; le courage seul fait vaincre la paresse et la nonchalance, et la joie fait vaincre le dégoût.

Offrez votre travail à Dieu ; élevez souvent votre cœur vers lui par de ferventes aspirations ; chantez de saints cantiques.

La petite fille douce et soumise remplit gaiement sa tâche. Assise aux pieds de sa mère, elle lui sourit et lui dit avec bonheur : Je travaille bien, n'est-ce pas, Maman? — Oui, ma Fille, répond la mère; et l'une et l'autre continuent leur travail, le cœur inondé de joie. De même, si vous travaillez en présence de Dieu, pour lui plaire, pour accomplir ses ordres, votre travail sera récompensé par le contentement du cœur, ce contentement qui passe toute joie.

Prière à la Sainte Vierge.

O ma bonne Mère! je crains le travail; et vous, l'humble

compagne d'un ouvrier, vous fûtes obligée de travailler toute votre vie. Je n'y pense donc jamais! Je ne veux plus me plaindre; je veux travailler avec courage. Vous sourirez à mes efforts, ma douce et sainte Mère, et vous les récompenserez dans le ciel.

L'AUMÔNE.

Les petites filles aiment à donner, et le précepte de l'aumône est un de ceux qu'elles se plaisent à pratiquer. Mais elles donnent sans retrancher de leurs dépenses ordinaires, sans se priver d'une fantaisie,

Il n'y a point de mérite là où il n'y a point de vertu; si votre aumône ne vous a coûté aucun sacrifice, quel mérite avez-vous? Quand vous donnez, sacrifiez une fantaisie, et votre don sera agréable à Dieu et vous ferez un pas dans la vertu.

Les personnes sans fortune n'ont pas le moyen d'avoir des fantaisies, et cependant elles sont toujours assez riches pour donner. Il y a bien des manières de faire l'aumône. Vous n'avez rien; vos parents n'ont pas le moyen de vous permettre d'être bienfaisantes; mais vous savez lire et votre voisine ne peut envoyer son enfant à l'école, montrez-lui à lire ; apprenez son catéchisme à cet enfant qui ignore les divins enseignements de la religion.

Serrez avec soin les morceaux de vos robes ; vous savez coudre : faites des bonnets pour de pauvres enfants ; tricotez de petits bas ; et tous ces menus travaux vous seront agréables, vous amuseront ; ils abrégeront les veillées d'hiver ; ils vous rendront adroites, et vous ferez l'aumône avec fruit.

Soyez laborieuse, adroite, industrieuse, instruite pour pouvoir faire plus de bien. Si vous travaillez avec cette intention, Dieu secondera vos efforts. Je remarquai un jour une jolie petite fille qui, tous les jours, en allant à sa pension, passait près d'une fenêtre, où je ne voyais jamais qu'une vieille femme malade; et tous les jours, la petite faisait un salut charmant, accompagné du plus gracieux sourire. Je dis un jour à l'enfant : « Vous connaissez cette vieille femme? — Oh! non, me dit-elle; mais elle est toujours seule : elle a l'air de s'ennuyer, et je pense que mon salut la désennuie. » Charmante Enfant! son salut était une aumône.

AVIS.

1° En vous éveillant, faites le signe de la croix, donnez votre cœur à Dieu, offrez-lui vos actions, et lui demandez la grâce de ne point l'offenser; implorez le secours de la sainte Vierge, de votre Ange-Gardien et de vos saints Patrons; puis habillez-vous promptement et modestement et faites votre prière avec piété; ensuite dites bonjour à vos parents et empressez-vous d'aider votre mère dans le soin du ménage.

2° Au commencement de

toutes vos actions, faites dévotement le signe de la croix, avec intention de faire au nom de Dieu, et pour sa gloire, ce que vous allez faire.

3° Tous les jours, si vous le pouvez, entendez la sainte messe dévotement.

4° En entrant à l'église, prenez avec respect de l'eau bénite et faites le signe de la croix. Quand vous passez devant les autels, faites une profonde révérence. Ayez à l'église un maintien modeste et recueilli, qui annonce des sentiments religieux et qui soit un sujet d'édification.

5° Avant de prendre vos repas, priez Dieu de bénir la nourriture que vous allez prendre. Après vos repas, rendez grâces à Dieu.

6° Mangez et buvez doucement, et honnêtement, sans avidité et sans excès. Gardez-vous bien, à table ou ailleurs, de demander, de prendre ou de soustraire, en cachette ou autrement, ce qu'on aura servi.

7° Soyez bien obéissantes à vos chers parents et ne sortez point sans leur permission. Aimez tendrement vos frères et sœurs.

8° Soyez diligentes à vous rendre à l'école; ne vous arrêtez point par les rues; marchez modestement, sans crier, ni offenser personne. Au contraire, si l'on vous injurie et si l'on vous offense, endurez-le pour l'amour de Notre-Seigneur, et dites en vous-mêmes : *Dieu vous donne la grâce de vous repentir de votre faute, et vous pardonne comme je vous pardonne.*

9° Pendant la classe, gardez bien le silence et appliquez-vous à bien apprendre les choses que vos maîtresses vous enseignent; c'est le moyen de plaire à Dieu, de vous rendre utiles à vos parents et de les dédommager des sacrifices qu'ils font pour vous. Parlez toujours à vos maîtresses avec un grand respect, aimez-les bien et témoignez-leur votre reconnaissance par votre docilité.

10° Quand vous entendrez sonner l'*Angelus*, récitez-le, à genoux ou debout, suivant l'usage de l'Eglise.

11° Toutes les fois que vous prononcerez ou entendrez prononcer les saints noms de Jésus ou de Marie, faites une inclination respectueuse.

12° Quand vous passerez devant quelque image de Notre-Seigneur, de la très-sainte Vierge ou des Saints, faites une respectueuse révérence; et quand vous passerez devant quelque croix, vous ferez de plus le signe de la croix.

13° Quand vous rencontrerez quelque personne, saluez-la respectueusement. Quand vous entrerez chez vous, ou dans quelque autre maison, saluez aussi ceux que vous y trouverez.

14° Quand vous parlez à des personnes de considération, répondez humblement : oui, Monsieur, ou Madame; non, Monsieur, etc., selon qu'on vous interrogera.

15° Si l'on vous commandait de dire quelque parole, ou de faire quelque action mauvaise, répondez que vous ne le pouvez faire, parce que cela déplaît à Dieu.

16° Quand on vous donnera quelque chose, recevez-le avec respect, et remerciez celui ou celle qui vous l'aura donné.

17° N'allez point avec les enfants vicieux et méchants, car ils peuvent vous nuire pour le corps et pour l'âme.

18° Quand vous aurez emprunté quelque chose, rendez-le au plus tôt et n'attendez pas qu'on vous le demande.

19° Si quelque personne vous reprend, ou vous donne quelque avertissement, remerciez-la avec humilité.

20° Ne tutoyez personne, non pas même les serviteurs, les servantes et les pauvres.

21° Si quelqu'un dit ou fait, en votre présence, quelque chose d'indigne d'un chrétien, témoignez par quelque signe la peine que vous en ressentez.

22° Quand les pauvres demandent à votre porte, priez votre père, ou votre mère, ou ceux chez qui vous demeurez, de leur faire l'aumône pour l'amour de Dieu; faites-la-leur vous-mêmes, si vous le pouvez. Donnez avec grâce, avec bonté, avec charité; que votre aumône soit une consolation.

23° Gardez-vous bien de mentir en quelque manière que ce soit, car les menteurs sont des enfants du démon, qui est le père du mensonge.

24° Surtout, gardez-vous de dérober aucune chose, ni chez nous, ni ailleurs, parce que c'est offenser Dieu, c'est se rendre odieux à tout le monde, et prendre le chemin d'une mort infâme.

25° Le soir, avant de vous coucher, souhaitez le bonsoir à vos parents, et ne manquez jamais de vous mettre à genoux devant quelque image pour faire votre prière avec attention et dévotion. Ensuite prenez de l'eau bénite, et faites le signe de la sainte croix sur vous et sur votre lit, et endormez-vous dans quelques bonnes pensées.

26° Enfin, tous vos principaux soins, tandis que vous vivez en ce monde, doivent tendre à vous rendre agréables à Dieu et à ne le point offenser, afin qu'après cette vie mortelle, vous soyez préservées de l'enfer et possédiez la gloire du Paradis.

Ainsi soit-il.

ORAISON DOMINICALE.

Notre Père, qui êtes aux cieux, que votre nom soit sanctifié, que votre règne arrive, que votre volonté soit faite sur la terre comme au ciel.

Donnez-nous aujourd'hui notre pain quotidien, pardonnez-nous nos offenses, comme nous pardonnons à ceux qui nous ont offensés, ne nous laissez pas succomber à la tentation, mais délivrez-nous du mal. Ainsi soit-il.

SALUTATION ANGÉLIQUE.

Je vous salue, Marie, pleine de grâces; le Seigneur est avec vous, vous êtes bénie entre toutes les femmes, et Jésus, le fruit de vos entrailles, est béni.

Sainte Marie, Mère de Dieu, priez pour nous, pauvres pécheurs, maintenant et à l'heure de notre mort. Ainsi soit-il.

SYMBOLE DES APÔTRES.

Je crois en Dieu, le Père tout-puissant, Créateur du ciel et de la terre, et en Jésus-Christ, son Fils unique, Notre-Seigneur, qui a été conçu du Sain-Esprit, est né de la Vierge Marie, a souffert sous Ponce-Pilate, a été crucifié, est mort, a été enseveli, est descendu aux enfers ; le troisième jour, est ressuscité des morts, est monté aux cieux, où il est assis à la droite de Dieu, le Père tout-puissant, d'où il viendra juger les vivants et les morts.

Je crois au Saint-Esprit, la sainte Eglise catholique, la communion des Saints, la rémission des péchés, la résurrection de la chair, la vie éternelle. Ainsi soit-il.

CONFESSION DES PÉCHÉS.

Je me confesse à Dieu tout-puissant, à la bienheureuse Marie, toujours Vierge, à saint Michel archange, à saint Jean-Baptiste, aux apôtres saint Pierre, saint Paul, et à tous les Saints, parce que j'ai beaucoup péché, par pensées, par paroles, par actions et par omissions. Par ma faute, par ma faute, par ma très-grande faute : c'est pourquoi je prie la bienheureuse Marie, toujours Vierge, saint Michel archange, saint Jean-Baptiste, les apôtres saint Pierre, saint Paul et tous les Saints, de prier pour moi le Seigneur notre Dieu. Ainsi soit-il.

ABSOLUTION.

Que le Dieu tout-puissant nous fasse miséricorde, et qu'après nous avoir pardonné nos péchés, il nous conduise à la vie éternelle.

Que le Seigneur tout-puissant et miséricordieux nous accorde le pardon, l'absolution et la rémission de tous nos péchés. Ainsi soit-il.

LES COMMANDEMENTS DE DIEU.

1. Un seul Dieu tu adoreras,
   Et aimeras parfaitement.
2. Dieu en vain tu ne jureras,
   Ni autre chose pareillement.
3. Les Dimanches tu garderas,
   En servant Dieu dévotement.
4. Père et mère tu honoreras,
   Afin que tu vives longuement.
5. Homicide tu ne seras,
   De fait ni volontairement.
6. Luxurieux tu ne seras,
   De corps ni de consentement.
7. Le bien d'autrui tu ne prendras,
   Ni retiendras à ton escient.
8. Faux témoignage ne diras,
   Ni mentiras aucunement.
9. L'œuvre de chair ne désireras,
   Qu'en mariage seulement.

10. Biens d'autrui ne convoiteras,
Pour les avoir injustement.

LES COMMANDEMENTS DE L'ÉGLISE.

1. Les fêtes tu sanctifieras,
Qui te sont de commandement.
2. Les Dimanches la messe ouïras,
Et les fêtes pareillement.
3. Tous tes péchés confesseras,
A tout le moins une fois l'an.
4. Ton Créateur tu recevras,
Au moins à Pâques humblement.
5, Quatre-Temps, vigiles jeûneras,
Et le carême entièrement.
6. Vendredi chair ne mangeras,
Ni le Samedi mêmement.

PARTIE LATINE.

Oraison dominicale.

Pater noster, qui es in cœlis, sanctificetur nomen tuum, adveniat regnum tuum; fiat voluntas tua sicut in cœlo et in terra; panem nostrum quotidianum da nobis hodie; et dimitte nobis debita nostra, sicut et nos dimittimus debitoribus nostris; et ne nos inducas in tentationem; sed libera nos a malo. Amen.

Salutation Angélique.

Ave, Maria, gratia plena, Dominus tecum; benedicta tu in mulieribus et benedictus fructus ventris tui, Jesus.

Sancta Maria, Mater Dei, ora pro nobis peccatoribus, nunc et in hora mortis nostræ. Amen.

Symbole des Apôtres.

Credo in Deum, Patrem omnipotentem, Creatorem cœli et terræ, et in Jesum-Christum, Filium ejus unicum, Dominum nostrum, qui conceptus est de Spiritu Sancto, natus ex Mariâ Virgine, passus sub Pontio-Pilato, crucifixus mortuus et sepultus, descendit ad inferos, tertiâ die resurrexit à mortuis, ascendit ad cœlos, sedet ad dexteram Dei Patris omnipotentis, inde venturus est judicare vivos et mortuos.

Credo in Spiritum sanctum, sanctam Ecclesiam catholicam, Sanctorum communionem, remissionem peccatorum, carnis resurrectionem, vitam æternam. Amen.

Confession des péchés.

Confiteor Deo omnipotenti, beatæ Mariæ semper Virgini,

beato Michaeli Archangelo, beato Joanni-Baptistæ, sanctis Apostolis Petro et Paulo, omnibus Sanctis, et tibi, Pater, quia peccavi nimis cogitatione, verbo et opere, mea culpa, mea culpa, mea maxima culpa. Ideo precor beatam Mariam semper virginem, beatum Michaelem Archangelum, beatum Joannem-Baptistam, sanctos Apostolos Petrum et Paulum, omnes sanctos, et te, Pater, orare pro me ad Dominum Deum nostrum. Amen.

Misereatur nostri omnipotens Deus, et dimissis peccatis nostris, perducat nos ad vitam æternam.

Indulgentiam, absolutionem et remissionem peccatorum nostrorum tribuat nobis omnipotens et misericors Dominus. Amen.

Prière de saint Bernard á la sainte Vierge.

Souvenez-vous, ô très-pieuse Vierge Marie! qu'on n'a jamais ouï dire qu'aucun de ceux qui ont eu recours à votre protection, imploré votre secours et demandé vos suffrages, ait été abandonné : animé d'une pareille confiance, ô Vierge des vierges! je recours à vous, et, gémissant sous le poids de mes péchés, je me prosterne à vos pieds.

O Mère du Verbe! ne méprisez pas mes prières, mais écoutez-les favorablement, et daignez les exaucer. Ainsi soit-il.

Prière à saint Joseph.

Je vous salue, Joseph, homme juste, la sagesse est avec vous; vous êtes béni sur tous les hommes, et béni est Jésus, le fruit de Marie, votre fidèle Epouse.

Saint Joseph, digne Père nourricier de Jésus-Christ, priez pour nous pécheurs, et nous obtenez de Dieu la divine sagesse, maintenant et à l'heure de notre mort.

Ainsi soit-il.

Prière à l'Ange-Gardien.

Ange de Dieu, qui êtes mon gardien et à qui j'ai été confié par la divine bonté, éclairez-moi, conservez-moi, conduisez-moi et gouvernez-moi.
Ainsi soit-il.

Vannes. — Imp. de Gust. de Lamarzelle.

www.ingramcontent.com/pod-product-compliance
Lightning Source LLC
Chambersburg PA
CBHW070243100426
42743CB00011B/2111